봉사에의 성장

TO KNOW CHRIST AND TO MAKE HIM KNOWN

네비게이토 선교회는
국제적이며 복음적인 기독교 기관이다.
예수 그리스도께서는 자기를 따르는 자들에게
"너희는 가서 모든 족속으로 제자를 삼으라"
(마태복음 28:19)는 지상사명을 주셨다.
네비게이토 선교회는 세계 모든 국가에서
예수 그리스도의 일꾼들을 배가시켜
이 지상사명의 성취를 돕는 것을
근본 목표로 하고 있다.

네비게이토 출판사는
네비게이토 선교회의 문서 선교를 담당하고 있다.
본 출판사에서는 그리스도인의 영적 성장을 돕는
서적과 자료들을 출판하여,
그리스도인의 삶의 기초가 견고한
헌신된 제자로 성장하게 하고,
나아가 성숙한 인격과 지도력을 갖춘
일꾼이 되도록 돕고 있다.

네비게이토 출판사에서는
본 성경공부 교재들에 대한 정답집이나 해설서를 만들지 않습니다.
정답집이나 해설서를 보고 단순히 답을 기록하는 방식의 성경공부는
스스로의 묵상을 통해 답을 얻는 것이 아니므로
질적인 주님의 제자로 성장하는 데 방해가 되기 때문입니다.

봉사에의 성장

Growing in Service

SCL6

Studies in Christian Living

그리스도인의 생활 연구 제6권

네비게이토 출판사

TO KNOW CHRIST AND TO MAKE HIM KNOWN

당신도 주어야 합니다

"너희가 거저 받았으니 거저 주어라." 이것이 기독교의 참된 정신입니다. 우리는 주님으로부터 받은 축복들을 다른 사람과 함께 나누어야 합니다.

당신이 개인적으로 성경을 공부함으로 얻는 중요한 것 중의 하나는 또 다른 사람과 나누는 것입니다. 그리고 당신이 축복받은 것을 다른 사람과 나눌 때 때때로 그것이 당신 자신의 삶에 더욱 격려가 되는 것을 알 수 있을 것입니다. 그러므로 주님께서 새로운 진리나 개인적으로 적용할 바를 나타내 주시면 가능한 한 속히 다른 사람에게 전해 주도록 하십시오. 성령께서는 다른 그리스도인에게 도전과 격려를 주시기 위해서든지 또는 불신자에게 그리스도의 필요성을 일깨워 주시기 위해 때때로 새로운 축복을 사용하십니다. 기회를 얻도록 기도하십시오.

> "사람은 그 입의 대답으로 말미암아 기쁨을 얻나니 때에 맞은 말이 얼마나 아름다운고."
> -잠언 15:23

당신이 말씀으로부터 얻은 바를 다른 사람에게 나누다 보면, 당신은 아마도 다른 사람들도 성경공부를 시작하게 함으로써 이 '그리스도인의 생활 연구'의 유익을 나누어 주고 싶게 될 것입니다. 당신도 어떤 사람에게 제1권 '그리스도 안에 있는 새생명'을 공부하도록 도와주는 데 주님께서 당신을 지도해 주시도록 기도하십시오. 당신 주위에 당신과 같이 공부하기를 원하는 이들이 있을 것입니다. 당신이 본 성경공부 교재를 어떤 이에게 소개할 때 성경공부가 당신에게 어떤 의미가 있으며, 왜 그것이 그처럼 가치가 있는지를 설명해 주십시오.

처음의 두세 문제를 그와 함께 하면서 그로 하여금 잘 시작할 수 있도록 도와주십시오. 그 다음에 그를 며칠 내에 또 만나서 전 과정을 함께 해나가십시오.

당신이 '봉사에의 성장'을 마치면 제7권부터 9권까지에 소개된 새로운 형태의 성경공부를 할 준비가 됩니다. 이 공부들은 당신이 성경 각 장을 한 절 한 절씩 어떻게 공부하며, 그 장에서 무엇을 말해 주고 있는가를 이해하며, 또 그 속에 있는 교훈을 어떻게 당신이 개인적으로 적용할 수 있는가에 대해 도움을 주기 위해서 만들어졌습니다. 다음에 할 세 권에서는 데살로니가전서, 요한일서와 빌립보서를 한 번에 한 장씩 공부하게 되는데 당신이 스스로 분석하고 당신이 발견한 진리를 개인 생활에 적용하는 것을 배우게 될 것입니다. 당신이 7권부터 9권까지 다 마칠 때 본 성경공부 교재의 마지막 과정을 배우게 되며 이 마지막 과정은 성경 말씀을 당신 스스로 연구하며 그 뜻을 캐내는 데 지침이 될 것입니다.

이 책 '봉사에의 성장'에서 당신은 아래와 같은 주제들을 성경에서 어떻게 가르치고 있는지 공부하게 될 것입니다.

- 다른 사람이 그리스도를 만나도록 도울 것
- 양육
- 기도의 능력
- 성서적인 헌금
- 세계 비전

제 1 과

다른 사람이 그리스도를 만나도록 도울 것

"그리스도가 없는 모든 마음은 곧 선교지이며, 그리스도를 모신 모든 마음은 곧 선교사이다."

-딕 힐리스

누구의 책임인가

1. 하나님께서는 왜 우리를 택하셨습니까? (요한복음 15:16)

2. 우리는 누구에게 무엇을 전해야 합니까? (마가복음 16:15)

3. 하나님께서는 그리스도인인 우리에게 무엇을 하라고 부탁하셨으며 또 그 결과로 우리는 무엇이 되었습니까? (고린도후서 5:19-20)

20절을 상고해 볼 때 당신은 모든 사람들에게 그리스도를 믿도록 권하고 격려해야 한다고 생각하십니까?

4. 고린도전서 15:3-4에서 복음을 당신 자신의 말로 요약해 보십시오.

어떻게 준비하나

5. 사람을 그리스도께로 이끄는 가장 좋은 준비는 무엇입니까? (마태복음 4:19)

6. 어떤 종류의 삶이 그리스도를 나타내어 사람들에게 그리스도에 대한 매력을 줍니까? (빌립보서 2:14-16)

7. 바울은 그의 동족의 구원에 대한 열망 때문에 무엇을 했습니까? (로마서 10:1)

8. 아래 성구들은 그리스도가 없는 사람들을 위해 우리가 기도해야 할 바를 가르쳐 줍니다.

   (1) 누가복음 24:45

   (2) 요한복음 16:8-9

   (3) 요한복음 6:44

   (4) 디모데전서 2:1,3-4

9. 그리스도에 대해 말하려면 우리 자신을 어떻게 준비해야 합니까?
(1) 베드로전서 3:15

(2) 디모데후서 2:15

접촉하는 방법

10. 마태복음 9:10-12에서,
(1) 예수님께서는 제자들을 데리고 어떤 종류의 사람들에게 전도하러 가셨습니까?

(2) 주님을 필요로 하는 그들을 접촉하기 위해서 예수님께서 사용하신 한 가지 방법은 무엇이었습니까?

11. 예수님께서는 우리와 세상과의 관계와 연관하여 어떻게 기도하셨습니까? (요한복음 17:15)
(1) 세상과의 모든 접촉을 피함으로 우리의 거룩함을 유지하도록
(2) 우리가 세상에 남아 있지만 사탄의 권세로부터 보호되도록
(3) 하나님께서 우리를 하늘의 영광과 안전으로 속히 옮겨 주시도록

12. 바울은 그리스도를 전파하기 위해서 어디서 사람들을 만났습니까? (사도행전 17:17, 20:20)

그리스도를 전하는 데 필요한 또 다른 성구들과 그리스도를 전하기 위하여 간증을 사용하는 데 관한 조언을 위해 제2권을 복습하십시오. 당신의 간증을 복습하고 다시 써보고 그것을 나눌 기회를 주시도록 기도하십시오.

말씀을 사용할 것

13. 하나님의 말씀은 무엇을 할 수 있습니까? (히브리서 4:12)

"성령의 인도로 잘 선택하여 인용한 말씀보다 더 사람의 가슴을 찌르는 말이 없고 그보다 더 권위 있는 증거도 없다."

14. 우리가 하나님의 인도를 따라 증거하기 위해 하나님의 말씀을 사용한다면 하나님께서는 어떤 약속을 하고 계십니까? (이사야 55:11)

15. 바울은 전도할 때 성경 말씀을 어떻게 사용했습니까? (사도행전 17:2-3)

16. 바울은 어떤 부류의 사람에게 말씀을 사용했습니까? (사도행전 26:22)

작은 신약성경 한 권을 휴대하고, 전도할 때는 가능한 한 상대방 자신이 인용된 성경 구절을 읽도록 해야 합니다.

이것이 곧 그리스도를 전하는 능력 있는 방법이며 또한 하나님의 말씀 위에 확신을 세워 주게 됩니다. 성경 말씀은 "하나님의 사람으로 온전케 하며 모든 선한 일을 행하기에 온전케 한다"(디모데후서 3:17)고 했습니다.

그리스도를 소개할 것

17. 바울이 증거한 주제는 무엇이었습니까?

(1) 고린도전서 1:23-24

(2) 에베소서 3:8

18. 잃어버린 영혼에게 우리가 예수 그리스도를 소개하는 것이 왜 중요합니까?

(1) 요한복음 14:6

(2) 사도행전 4:12

어떤 경우에서도 그리스도에 대하여 말할 수 있도록 준비하십시오. 복음의 핵심을 알고 계십시오. 그리스도에 대해 설명할 때는 어떻게 하면 분명하고 흥미있게 할 수 있는지 계획하고 연습하십시오. 그 후에는 기도하고 기회를 찾으십시오.

19. 요한복음 3:16에서 보여 주는, 복음의 네 가지 요점은 무엇입니까?

20. 그리스도를 전할 때 우리가 꼭 소개해야 할 다른 몇 가지 요소들은 무엇입니까?

(1) 로마서 3:23

(2) 로마서 6:23

(3) 베드로전서 2:24

(4) 에베소서 2:8-9

(5) 요한계시록 3:20

(6) 요한일서 5:11-13

복음을 전한 후에 그 사람으로 하여금 주님을 영접하도록 마음 문을 열게 하는데 다음과 같은 질문을 하면 도움이 됩니다. "당신은 지금 예수 그리스도를 당신의 구주로 모시기를 원하십니까?"

만일 그가 그렇게 하려고 한다면 예수님을 그의 생애 가운데 구주와 주님으로 모시도록 그에게 기도하라고 요구해야 합니다. 제1권의 마지막 2개의 질문은 사람으로 하여금 그리스도를 믿고자 결심하게 하는 데 도움을 주는 좋은 본보기입니다. 제1권, 3과의 나머지 부분에서도 역시 구원에 관한 성경 말씀을 더 보여 주고 있습니다.

21. 구원받는 방법을 사람들에게 말하는 데 있어서 바울이 강조한 것이 무엇이었습니까? (사도행전 16:31)

22. 누가 하나님의 용서하심을 받습니까? (사도행전 10:43)

23. 복음을 명확하게 설명한 후에 그리스도의 선물과 성령의 역사하심에 대해 반응을 보이는 데서, 그의 할 바를 보여 주어 결단하게 하는 '행동' 구절을 사용하는 것은 참 좋습니다. 다음의 '행동' 구절들 중에서 당신은 어느 구절을 가장 좋아하며 왜 좋아합니까?

요한계시록 3:20　요한복음 5:24　요한복음 1:12　요한복음 3:16

어떻게 반대 의견을 다룰까

죄를 깨닫는 것이라든가 또는 예수 그리스도를 영접하려는 마음 등은 오직 하나님으로부터 오는 것입니다. 그러나 하나님께서는 우리가 다른 사람을 그리스도를 믿는 믿음 안으로 이끄는 일에 하나님과 더불어 협력하는 특권을 우리에게 주셨습니다.

당신에게서 그리스도를 소개받는 그 사람이 그리스도를 영접하지 않으려고 여러 가지로 핑계를 댈 때가 있습니다. 그렇기 때문에 이에 대한 답변이나 또는 그 이상의 상식적인 것을 잘 알아 두는 것도 대단히 중요합니다. 조심스럽게 그 질문에 대답해 줌으로써 그로 하여금 근본 문제인 그리스도의 필요성에 직면하게 해줄 수 있습니다. 항상 그리스도와 그분의 속죄에 관한 것이 논의의 중심으로 되어야 합니다. 그래서 사탄으로 하여금 덜 중요한 문제를 가지고 많은 시간을 소비하여 곁길로 이끌지 못하도록 해야 합니다.

24. 질문이나 반대 의견을 다룰 때 우리는 먼저 무엇을 사용해야 합니까? (디도서 1:9)

25. 다음은 흔히 있는 질문이나 핑계이며 성경 구절들은 이에 대한 성서적인 답변입니다. (각 질문에 올바른 성경 구절을 쓰십시오.)

고린도후서 6:2하	요한복음 7:17
로마서 3:23	요한복음 14:6
에베소서 2:8-9	히브리서 9:27
마가복음 2:17	마가복음 8:36-37

(1)________________ "사람이 자기가 할 수 있는 최선을 다한다면 하나님께서 그를 용납해 주실 것이다. 중요한 것은 바로 성실함 그것이다."

(2)________________ "오직 한 길만이 아니고 여러 길이 있다. 모든 종교는 다 하늘나라로 인도한다고 나는 생각한다."

(3)________________ "포기해야 할 것이 너무 많아서 어렵다."

(4)________________ "나는 아마 언젠가는 그리스도인이 될 것이다."

(5) ____________ "성경에는 내가 이해할 수 없는 것이 너무 많다." 또는 "내가 더 이해할 수 있을 때까지 기다리겠다."

(6) ____________ "나는 사실 그렇게 나쁜 사람은 아니다."

(7) ____________ "어쩌면 죽은 후에 다른 기회를 얻게 될 것이다."

(8) ____________ "나는 죄가 너무 많아서 구원받을 수 없다. 하나님께서는 나 같은 사람은 받아 주시지 않을 것이다."

빌립에게서 배울 점

26. 개인 전도의 가장 좋은 예 중의 하나는 사도행전 8:26-35에서 빌립이 에디오피아 내시에게 한 것입니다.
   (1) 빌립의 반응은 하나님의 인도하심에 대한 어떤 태도를 보여 줍니까?

   (2) 하나님께서 우리가 어떤 사람에게 복음을 전하도록 하실 때 하나님께서 흔히 환경을 준비하시는 방법에서 당신은 어떤 증거를 볼 수 있습니까?

(3) 빌립은 내시와 무엇을 토론했으며 또 그가 전파한 것은 무엇에 근거를 둔 것입니까?

(4) 빌립의 전도에 있어서 3가지 요점은 무엇입니까? (35절)

그리스도에 대하여 아무것도 말하지 않는 실수보다 더 크고 나쁜 실수는 없다.

-헨리 트럼불

제2권 4과 '그리스도를 증거함'에는 전도에 도움이 되는 것들과 전도의 원리들이 들어 있습니다.

27. 당신이 전도하기를 원하는 3,4명의 이름을 기록해 두고 며칠 동안 정기적으로 이 사람들을 위해 기도하십시오. 그리고 그들 중 한 사람과 개인적으로 또는 서신으로 접촉할 계획을 세우고 당신의 간증을 나누고 그리스도를 소개하십시오. 그 결과를 기록하십시오.

"고등학교에 다닐 때 나는 성경 클럽의 회원이었습니다. 그리고 나는 사람들을 그리스도께로 이끌려고 노력했고 진심으로 주님을 섬기기를 원했습니다. 그러나 내 생활 가운데는 죄가 있었으며 사탄은 나를 실망시켰습니다. 고등학교의 마지막 학기 초가 됐을 때 나에게 개인적으로 관심을 가지고 있는 한 그리스도인을 만났습니다. 그는 나에게 하나님의 말씀을 읽고 꾸준히 기도하고 죄를 이기기 위한 도구로 사용하도록 말씀 암송을 시작하라고 격려해 주었습니다.… 하나님께서는 그분의 말씀을 존귀하게 하셨습니다. 그래서 지난해에는 3명이 그리스도를 알게 되었습니다."

-티드 라딘

제 2 과

양 육

양육이란 복음 전도에서 얻은 열매를 계속 보존하는 것입니다. 즉 영적으로 어린 신자로 하여금 그리스도인의 생활을 잘 시작하고 또 잘 성장하도록 도와주는 것을 의미합니다.

첫째로 어린 그리스도인에게는 구원에 대한 성경 말씀의 기초가 필요합니다. 단지 감정적으로 구원을 받았다고 '느끼는 것'만으로는 신뢰할 만한 확신이라고 할 수 없습니다. 그리스도에 대한 그의 결심은 진지한 것인지 모르지만, 그가 그리스도인의 생활을 전진시켜 나가기 위해서는 구원이 자신의 감정이나 자신의 행위에 달려 있는 것이 아니라 예수 그리스도께서 무엇을 해주셨고 약속해 주셨나에 달려 있다는 것을 아는 것이 필요합니다.

구원의 확신

1. 요한일서 5:13의 확신은 무엇을 의미하며 또 이 확신은 무엇에 근거를 두고 있습니까?

2. 요한복음 5:24의 세 가지 약속은 무엇입니까?

3. 위의 두 구절을 요한복음 3:16, 요한일서 5:11-12, 그리고 요한계시록 3:20과 비교해 보십시오. 이 중에서 당신이 새로 믿은 이에게 확신을 주는 데 도움이 되는 구절을 선택한다면 어떤 것을 택하겠으며 그 이유는 무엇입니까?

어떤 사람으로 하여금 그리스도를 구주로 영접하도록 도와준 후에 "지금 당신은 구원을 받았습니다"라든가 "당신은 지금 죄 사함을 받았으며 영생을 얻었습니다"라고 당신이 그에게 말해 주는 것보다 그가 당신에게 그렇게 말하도록 하십시오. 주님께서 그의 기도를 들어주셨는가 혹은 영생을 얻었는가를 물어봄으로써 그의 구원의 확신을 시험해 보십시오. 만약 그에게 확신이 없다면 당신이 보여 주었던 구원의 확신에 대한 성경 구절을 성령께서 그에게 밝혀 깨달음을 주시고 믿음을 주실 때까지 되풀이해서 도와주십시오.

구원의 확신에 대한 다른 말씀들이 기록된 제1권의 3과를 복습하십시오.

양육이란 무엇인가

4. 바울은 데살로니가 성도들에게 그리스도인의 삶을 살도록 가르치는 그의 직무를 어떻게 묘사했습니까? (데살로니가전서 2:7-8)

5. 데살로니가전서 2:11에서,

(1) 바울은 그들을 어떻게 대하였습니까?

(2) 그들의 영적 성장을 돕기 위해서 그가 한 세 가지 일은 무엇이었습니까?

(3) 이 구절에 바울이 그들을 무리별로 도왔는지 또는 개인적으로 도왔는지 혹은 두 방법을 모두 사용해서 도왔는지 나타나 있습니까?

6. 영적 자녀들에 대한 바울의 목표는 무엇이었습니까?

(1) 데살로니가전서 2:12

(2) 골로새서 2:7

왜 양육을 해야 하는가

7. 예수 그리스도께서 자기를 따르는 제자들에게 복음을 땅 끝까지 전하라는 지상사명을 주셨을 때(마태복음 28:18-20), 그분은 또한 무엇을 명령하셨습니까? (20절)

8. 골로새서 1:28에서,

 (1) 목표를 성취하기 위해 바울은 그가 할 수 있는 데까지 예수 그리스도에 관해 각 사람을 권하고 가르쳤습니다.

 옳음 틀림

 (2) 그의 목표는 무엇이었습니까?

양육이란 한 어린 신자가 성숙하고 유용한 그리스도인이 되도록 튼튼히 자라게 하기 위해서 계속적으로 도움을 주는 영적 소아과 의학입니다.

9. 왜 바울은 그가 복음을 전한 사람들을 양육하려는 관심을 가졌습니까? (데살로니가전서 3:5)

10. 왜 바울은 고린도에 있는 그리스도인들에 대해 특별한 책임을 느꼈습니까? (고린도전서 4:15)

(1) 그들을 지도하는 선생이 너무 많았기 때문에

(2) 그들은 바울의 영적인 친자녀이기 때문에

(3) 그들이 거짓 선생들에 의해 잘못 인도되고 있었기 때문에

11. 사람들이 그리스도인이 되는 것을 보는 것 이외에 또 무엇이 요한에게 큰 기쁨을 주었습니까? (요한삼서 4)

12. 복음을 온 세상 끝까지 전파하는 데 기여할 수 있는 한 방법은 무엇입니까? (디모데후서 2:2)

이 구절에서 네 세대의 그리스도인을 열거하십시오.

이 구절은 영적 배가를 의미하고 있는 것으로서, 어떤 사람을 그리스도께로 인도하는 것뿐만 아니라 또한 그를 가르치고 도와주어 그가 또 다른 사람들을 인도하여 가르칠 수 있도록 하고, 다시 차례로 그 다른 사람들이 자기와 똑같은 일을 할 수 있도록 도와주고 가르쳐 주는 것을 의미합니다.

다른 사람이 성장하도록 도와주는 방법

13. 바울은 양육에 있어 4가지 방법을 사용했습니다.

• 편지 • 기도 • 개인 방문 • 동역자를 보냄

다음의 성구들은 위의 방법 중에서 어느 것을 묘사하고 있습니까?

(1) 디모데후서 1:3

(2) 사도행전 15:36

(3) 고린도전서 4:14

(4) 고린도전서 4:17

14. 당신은 새로운 그리스도인이 하나님의 말씀을 어떻게 하도록 격려해 주겠습니까? (골로새서 3:16상)

새로 믿은 사람에게 성경을 암송하게 하고 또한 동시에 구원의 확신을 갖도록 돕기 위해 '그리스도와의 새 출발'이란 소책자를 사용하십시오.

15. 당신은 또 어떤 영역에 대해서 그를 가르치고 세워 주어야 되겠습니까?

(1) 빌립보서 4:6

(2) 요한복음 15:10

(3) 마가복음 5:19

(4) 누가복음 9:23

(5) 히브리서 10:25

16. 바울과 그의 동역자들은 최근에 예수 그리스도를 믿은 자들을 돕기 위해 무엇을 했습니까?

(1) 사도행전 14:21-22

(2) 사도행전 18:11

17. 바울과 그의 동역자들은 그들이 전도해서 구원받은 이들을 위해 무엇을 기도했습니까?

(1) 골로새서 4:12

(2) 갈라디아서 4:19

본을 보여 줄 것

18. 바울은 자기 자신에 대해 무엇을 말할 수 있었습니까?

(1) 데살로니가전서 2:10

(2) 빌립보서 4:9

19. 바울은 확신을 가지고 고린도에 있는 성도들에게 무엇을 하라고 요구했습니까? (고린도전서 11:1)

20. 바울이 본을 보여 준 것 중에 어떤 것들이 있습니까?

(1) 고린도전서 10:33

(2) 사도행전 20:33,35

21. 디모데전서 4:12에서,

(1) 우리는 누구에게 본을 보여 주어야 합니까?

(2) 어떤 영역에서 본을 보여 주어야 합니까?

“어느 때나 나는 설교를 듣기보다는 그것을 보기를 더 원한다. 나는 어떤 사람이 단지 그 길을 말해 주는 것보다 나와 함께 걸어가 주기를 원한다. 모든 설교자 중에서 가장 훌륭한 설교자는 그의 설교대로 사는 사람이다. 왜냐하면 모든 사람은 행동으로 나타난 선을 보기를 원하기 때문이다.”

-에드가 게스트

22. 또 어떤 영역에서 우리는 다른 그리스도인들에게 본이 되어야 합니까? (디도서 2:7-8)

23. 당신에게 아직도 양육할 사람이 한 사람도 없다면 당신이 주님께로 인도한 사람들의 명단을 만들고 그들을 위해 기도하기 시작하십시오. 그리고 그들의 성장을 촉진시키기 위해서 당신이 무엇을 할 수 있는가 생각해 보십시오. 그들을 방문하거나 전화 또는 서신으로 연락해야 되지 않겠습니까? '그리스도인의 생활 연구' 1권이라든가 '그리스도와의 새 출발'이라는 소책자가 그들에게 도움이 되지 않겠습니까? 그들 중에 한 사람을 데리고 아직 영적으로 어린 다른 그리스도인을 방문하거나 또는 전도해야 되지 않겠습니까?

당신이 그들 중 한 사람을 돕는 일에 대하여 주님께서 지시하시는 것이 무엇인가 간단히 요약하십시오.

제 3 과

기도의 능력

"기도의 능력은 거리가 멀다고 감소되는 것이 아니다. 그것은 나이나, 연약함,… 정치적 변화나 제재… 따위에 제한을 받지 않는다. 순종하는 그리스도인의 생활에서 나타나는 기도의 능력은 태만으로 인해서만 약해질 수 있다."

-데이비드 테일러

1. 우리는 다음의 위대한 사실 때문에 기도로써 하나님 앞에 당당히 나아갈 수 있게 되었습니다. (빈칸에 적당한 성구를 골라 넣으십시오.)

히브리서 10:19	요한복음 16:24
로마서 8:32	마태복음 7:11

______________ 우리는 하나님의 자녀이다.

______________ 하나님께서는 이미 우리에게 가장 큰 선물을 주셨다.

______________ 그리스도의 피로 말미암아 우리는 하나님께 직접 나아갈 수 있게 되었다.

______________ 하나님께서는 우리가 예수님의 이름으로 구할 수 있도록 초청하셨다.

2. 균형 있는 기도 생활을 하려면 여러 가지 종류의 기도가 필요합니다. (아래에 있는 제목에 각각 두 개의 성구를 기입하십시오.)

시편 38:18	사도행전 27:35
에베소서 6:18	요한일서 1:9
시편 107:1	히브리서 13:15
히브리서 4:16	사무엘상 12:23
야고보서 1:5	시편 113:1-3

(1) 찬양 (하나님께서 누구시라는 것에 대하여)

______________ ______________

(2) 감사 (하나님께서 해주신 일에 대하여)

______________________ ______________________

(3) 자백

______________________ ______________________

(4) 중보 (다른 사람을 위한 기도)

______________________ ______________________

(5) 간구 (자신의 필요를 위한 기도)

______________________ ______________________

※ 이 과를 공부할 때는 제3권의 4과 '기도의 원리'를 복습하면 도움이 됩니다.

시편 100,103,104편에서 다윗이 어떻게 주님을 예배하고 찬양하고 감사했는지를 조심스럽게 살펴보십시오. 하나님께서는 예배하는 자를 찾고 계십니다(요한복음 4:23).

예수님의 중보 기도

예수님께서는 지상에 계실 동안에 계속해서 기도에 힘쓰셨습니다. 오천 명을 먹이시기 전에, 나사로를 일으키실 때에, 제자들과 함께 있을 때, 제자들을 위해서, 겟세마네 동산에서, 십자가에서 예수님께서는 기도하셨습니다.

3. 예수님께서는 언제 기도하셨습니까?

(1) 마가복음 1:35

(2) 마태복음 14:23

4. 예수님께서는 긴급한 전도의 기회 때문에 기도하시는 것을 버리시지는 않았습니다. (누가복음 5:15-16)

옳음 틀림

5. 예수님께서는 무엇을 위해서 기도하셨습니까?

(1) 요한복음 17:9,15

(2) 요한복음 17:20-21

(3) 마태복음 26:42

(4) 누가복음 23:33-34

“구해야 하는 것은 하늘나라의 법칙입니다. '구하라, 그러면 너희에게 주실 것이요.'… 왕이시며 신성하신 하나님의 아들까지도 구해야 한다는 법칙을 어기지 않으셨거든 하물며 여러분과 내가 어찌 우리 마음대로 그 법칙이 바뀌어지기를 바랄 수 있겠습니까?… 기도는 우리의 삶에 필수적입니다. 그 안에 푹 잠기십시오.”

-찰스 스펄전

6. 지금 예수 그리스도께서는 우리를 위해서 무엇을 하고 계십니까? (히브리서 7:25)

7. 기도할 때에 누가 우리를 도와줍니까? (로마서 8:26)

8. 히브리서 4:15-16에서 예수님께서는 우리의 ______________________ 으로서 묘사되었습니다. 왜 예수님께서는 우리의 연약함을 불쌍히 여기실 수 있습니까?

지금 우리는 어떻게 하나님께 나아갈 수 있습니까?

기도를 막는 것이 무엇인가

9. 응답받는 기도에 대한 세 가지 장애물은 무엇입니까?
   (1) 이사야 59:1-2

   (2) 잠언 28:9

   (3) 야고보서 4:6

10. 야고보서 4:3을 당신 자신의 말로 써보십시오.

11. 누가복음 18:9-14에서,
   (1) 바리새인의 기도는 왜 하나님께 열납되지 못했습니까?

   (2) 세리의 기도는 왜 열납되었습니까?

   (3) 바리새인은 실제적으로 누구에게 기도했습니까?

12. 기도에 대한 다른 장애물은 무엇이며 어떻게 제거할 수 있습니까? (마태복음 5:23-24)

13. 디모데전서 2:8을 당신 자신의 말로 쓰십시오.

"하나님의 말씀을 성실하게 읽지 않는 사람들은 기도에 성공하기가 어렵습니다. 귀한 약속들… 가르침들… 그리고 우리의 마음을 기도할 수 있도록 준비시키는 메시지는 바로 하나님의 말씀에 있기 때문입니다. 기도하기가 어려울 때는 하나님의 말씀을 묵상하십시오. 그러면 성령께서 마음을 돌이켜 기도할 수 있게 해주실 것입니다."

단체 기도

14. 사도행전 12:5에 나오는 기도회에서,

(1) 그 목적은 무엇이었습니까?

(2) 어떤 사람들이 모였습니까?

(3) 그들은 어떻게 기도했습니까?

(4) 그 결과 어떻게 되었습니까? (사도행전 12:6-11)

15. 단체로 모여 기도할 때 한 가지 중요한 사실은 무엇입니까? (마태복음 18:19)

16. 사도행전 1:14을 상고해 보고, 이 기도회에 대한 두세 가지의 사실을 기록하십시오.

17. 바울과 실라는 빌립보에서 매를 맞고 불법적으로 감금당했을 때 무엇을 했습니까? (사도행전 16:25)

바울의 예

18. 에베소서 3:14-21에 있는 바울의 기도는 다른 그리스도인을 위해 기도할 때나 당신 자신을 위해서 기도할 때 좋은 본보기가 됩니다.
    (1) 그는 누구에게 기도했습니까?

    (2) 그는 성령께서 그들을 위해 무엇을 해주시기를 구했습니까?

    (3) 그는 그들이 무엇에 견고해지기를 구했습니까? (17절)

    (4) 그는 그들이 무엇을 이해하게 해달라고 기도했습니까? (18-19절)

    (5) 그는 그들이 무엇으로 충만해지기를 기도했습니까?

    (6) 그는 어떤 종류의 응답을 기대했습니까?

    (7) 바울은 누구에게 영광을 돌리고자 했습니까?

골로새서 1:9-12은 기도에 대한 또 다른 좋은 지침입니다. 위의 에베소서의 구절과 비슷한 점을 찾아내어 보십시오.

지속적인 기도

"기도는 일을 하고, 기도는 일이며, 기도는 일을 하게 한다."

19. 예수 그리스도의 기도에 관한 교훈 중에서 특히 누가복음 11:5-10은 하나님께서 강청하는 기도를 얼마나 중하게 여기시는가를 보여 주고 있습니다.
   (1) 누가복음 11:1에서 제자들은 무엇을 요구했습니까?

   (2) 왜 친구의 요구를 들어주었습니까?

   (3) 예수님께서는 이 가르침을 어떻게 요약하셨습니까? (10절)

20. 중대한 일을 결정하시기 전에 예수님께서는 무엇을 하셨습니까? (누가복음 6:12)

21. 예수님께서는 자기를 따르는 사람들이 무엇을 하기를 원하십니까? (누가복음 18:1)

“ **응답될 때까지 결코 포기하지 않는 것이 중요한 요점이다.** 나는 젊은 시절의 한 친구의 아들 두 사람을 위해서 52년 동안 매일 기도해 왔다. 그들은 아직도 믿지 않고 있다. 그러나 그들은 언젠가 구원받을 것이다.… 계속해서 꾸준히 기도하지 않는 것이 하나님의 자녀들의 큰 결점이다. 만일 그들이 하나님의 영광을 위해서 어떤 것을 간구한다면 그것을 받을 때까지 기도해야 한다.” -조지 뮐러

22. 정규적인 기도를 계속하기 위하여 다니엘은 어떤 모험을 했습니까? (다니엘 6:1-10)

23. 역대하 7:14은 기도로 우리가 우리 국가에 어떠한 영향을 미칠 수 있는가를 보여 줍니다.
    (1) 누가 솔선해서 해야 합니까?

    (2) 어떤 일을 해야 합니까?

    (3) 하나님께서는 무엇을 약속하십니까?

24. 노트에 하나님께 감사할 일들을 기록하십시오. 아침에 기도를 시작할 때에 며칠 동안 힘써 사용해 보십시오. 다음엔 주님을 찬양하고 예배할 일들을 기록하고(시편 100,103,104,145편은 도움이 될 것입니다.) 이것도 역시 같은 방법으로 사용해 보고, 여기서 배운 것을 요약해 보십시오.

"오늘날 이 세상의 위대한 사람들이란 기도하는 사람들이다. 기도에 대해서 말하거나 설명할 수 있는 사람이 아니라 바로 시간을 내어서 기도하는 사람을 말한다. 그들이 시간이 많아서가 아니라 어떤 다른 일에서 시간을 내어야만 한다. 기도 외에 다른 일도 중요하다. 대단히 중요하며 긴급하다. 그러나 기도만큼 중요하고 긴급하지는 않다."

-S. D. 고든

제 4 과

성서적인 헌금

우리 주 예수 그리스도의 은혜를 너희가 알거니와 부요하신 자로서 너희를 위하여 가난하게 되심은 그의 가난함을 인하여 너희로 부요케 하려 하심이니라. (고린도후서 8:9)

우리의 소유물

1. 우리가 가진 돈이나 소유물에 대하여 우리가 일반적으로 느끼는 것은 무엇입니까? (신명기 8:17)

2. 모든 사람이 소유한 물질은 어디로부터 옵니까? (신명기 8:18, 역대상 29:12)

3. 우리가 무엇으로 만족하기를 주님께서는 원하십니까? (히브리서 13:5)

4. 마태복음 6:31-33을 당신 자신의 말로 쓰십시오.

5. 돈에 대한 강한 욕망은 어떤 결과를 가져옵니까? (디모데전서 6:9-10)

6. 누가복음 12:15-21에서,

(1) 하나님께서는 이 사람을 무엇이라고 불렀습니까?

(2) 그리스도께서는 그를 어떤 종류의 사람이라고 말씀하십니까? (21절)

(3) 그리스도께서 경고하신 것은 무엇입니까? (15절)

7. 몇몇 초대 그리스도인들은 그들 재산의 손실에 대해 어떠한 반응을 보였습니까? (히브리서 10:34)

(1) 자기들의 권리를 주장하고 일어섰다.
(2) 그들이 받은 부당한 대우에 낙심했다.
(3) 그들이 더 좋은 무엇을 소유하고 있다는 것을 알고 기뻐했다.
(4) 복수의 기회를 노렸다.

“나는 그리스도의 왕국에 관련된 것 이외에 어떤 소유에도 가치를 두지 않는다. 만일 내가 가지고 있는 어떤 것이 그리스도의 왕국에 이익이 된다면, 그것을 줄 수도 또는 간직할 수도 있을 것이다. 오직 그것을 주거나 간직함으로써 나는 현재와 영원에 있어서 나의 온갖 소망을 걸고 있는 분, 그리스도의 영광을 드높일 것이다.”

-데이비드 리빙스턴

선한 청지기가 됨

청지기의 직분은 타인의 재산을 관리하는 직을 말합니다. 그리스도인은 그의 생명이나 재산의 두 가지 모두에 대한 청지기입니다. 왜냐하면 이 두 가지가 모두 하나님께 속해 있기 때문입니다.

8. 하나님께서는 우리가 어떤 영역에 있어서 충실한 청지기가 되기를 원하십니까?

   (1) 고린도전서 6:19-20

   (2) 에베소서 5:15-16

   (3) 베드로전서 4:10

   (4) 데살로니가전서 2:4

   (5) 역대상 29:12-14

9. 마태복음 25:14-30을 상고하고 맞는 답에 표시하십시오.
   (1) 종은 각자 똑같은 양의 책임을 부여받으며 똑같은 결과가 각자에게 기대된다.
   (2) 종은 각자 똑같은 양의 책임을 부여받지만 어떤 이에게는 더 많은 결과가 기대된다.
   (3) 종은 각자 다른 양의 책임을 부여받으며 그가 받은 양에 비례하여 결과가 나타나도록 되어 있다.

10. 주님의 청지기로서 우리는 다음과 같은 것을 깨달아야 합니다. (로마서 14:12)

돈을 지혜롭게 사용함

11. 하나님께서는 우리의 물질적 헌납을 얼마나 필요로 하십니까? (시편 50:10,12)

12. 그러나 하나님께서는 우리에게 어떤 특별한 기회를 주십니까? (마태복음 6:20)

헌금에 대한 그리스도의 가르침은 사랑 때문에 또는 의무 때문에만이 아니라 영원한 보상을 위해 바치는 것이 중요함을 강조합니다. 비록 우리가 돈을 가지고 갈 수는 없지만 그것을 먼저 보낼 수 있다는 사실을 그리스도께서는 명백히 말씀하고 계십니다.

13. 마태복음 19:16-22에서,

(1) 근본적인 문제는 하나님께 대한 충성심이다.

옳음 틀림

(2) 그리스도께서는 젊은이를 가난하게 만들고자 하셨습니까? 부유하게 만들고자 하셨습니까?

14. 당신은 받는 것보다 주는 것이 더 복이 있다고 하는 것은 무엇을 뜻한다고 생각합니까? (사도행전 20:35)

15. 신약성경에 나타난 헌금에는 어떤 원리가 있습니까? (고린도후서 8:9, 9:8)

어떻게 드리는가

구약시대에는 하나님의 백성들은 십일조나 헌금에 있어 자기 소득의 10%에서 20%까지 드렸습니다. 우리가 신약의 수준에서는 어떻게 드려야 합니까?

16. 다음 구절들을 주의 깊게 공부하십시오. (출애굽기 25:2, 35:21,29, 역대상 29:9, 고린도후서 9:7)
    (1) 우리가 하나님께 드리는 데 있어서 어떤 마음의 상태가 중요합니까?

    (2) 어떻게 드리는 것이 바람직하지 못합니까? (고린도후서 9:7)

17. 고린도전서 16:2에서 우리는 헌금에 대한 몇 가지 지시를 볼 수 있습니다.
    (1) 얼마나 많은 사람들에게 헌금하도록 권하고 있습니까?

    (2) 고린도 성도들이 헌금에 대해 받은 가르침은 정기적으로 예비하는 것입니까? 아니면 비정기적으로 예비하는 것입니까?

(3) 그들은 얼마나 바칠까를 어떻게 결정하였습니까?

18. 우리는 어떻게 주님을 공경할 수 있습니까? (잠언 3:9)

19. 고린도후서 9:6은 ________________ 드리는 것이 지혜롭다고 말하고 있습니다.

20. 자의로 드리는 자는 무엇을 확신할 수 있습니까? (누가복음 6:38)

21. 잠언 11:24-25에 대해 당신 자신이 두 가지 질문을 쓰고 그 질문에 답하십시오.

(1)

(2)

고린도후서 8장과 9장은 신약성경의 다른 어느 장보다 헌금에 대해서 가장 잘 쓰여져 있습니다. 특히 8장의 첫 부분의 구절들을 주의해서 읽어 보십시오. 역대상 29장은 기쁨으로 아낌없이 드리는 데에 대해 쓴 구약의 위대한 장입니다.

22. 헌금에 따르는 보상은 어떤 것에 의해 잃어버릴 수 있습니까? (마태복음 6:1-4)
    (1) 도움을 청하지 않는 사람에게 줌으로써
    (2) 다른 사람에게 좋은 인상을 보이려고 함으로써
    (3) 무심코 구제를 베풂으로써

    왜 그렇습니까?

23. 우리는 무엇을 위해 드려야 합니까?
    (1) 고린도전서 9:11,14

    (2) 갈라디아서 6:6

    (3) 잠언 19:17

    (4) 야고보서 2:15-16

헌금에 대해 정기적인 계획을 세우는 것은 많은 사람들에게 그것이 성서적이며 또 실제적이라고 알려져 있습니다. 계획하는 것은 불규칙적으로, 아니면 지혜롭지 못하게 헌금하거나 혹은 게으름을 피울 위험성을 막아줍니다. 많은 요구가 우리에게 있고 또 드려야 할 기회가 많이 있는 이 세대에 있어서 계획성 있게 바치는 것은 우리가 우리의 소유물을 가지고 주님을 공경하도록 도와줍니다.

그 계획은 다음과 같은 과정을 포함해야 합니다.

(1) 당신의 수입의 몇 %를 주님께 드릴 것인가를 **신중히 결정하십시오**. 당신이 더 이상 내리고 싶지 않은 최소한의 금액.

(2) 당신이 수입이 있을 때마다 맨 먼저 주님께 드릴 분량을 **따로 떼어 놓으십시오**. 이 돈이 주님의 인도하시는 바에 따라 사용되도록 떼어 놓으십시오. 일단 떼어 놓은 돈은 주님의 것이며 개인적인 필요나 꾸어 주기 위한 목적이라도 그 돈을 축내어서는 안 됩니다.

(3) 그리고 주님께서 지시하시는 대로 주님의 돈을 **기도하는 마음으로 분배하십시오**. 일반적으로 매주 또는 매월 정기적으로 이 일을 행하는 것이 좋습니다.

24. 마가복음 12:41-44에서,

(1) 그리스도께서는 무엇을 관찰하고 계셨습니까?

(2) 주님께서는 무엇을 칭찬하셨으며 왜 칭찬하셨습니까?

(3) 대부분의 사람들은 어떻게 헌금했습니까?

(4) 과부의 헌금은 드려진 분량(%)에서 다른 사람과 어떻게 비교됐습니까?

25. 주님의 일에 드리는 자에게는 어떤 약속이 주어집니까? (빌립보서 4:15-19)

정기적인 헌금 외에 **특별 헌금**을 하십시오. 그리고 하나님께서 당신의 믿음을 더욱 크게 하시고 당신을 더욱 번창케 하시는 데 따라 드리는 비율도 더욱 높이십시오. 당신이 자신의 물질적 보화를 더 많이 하나님께 맡기면, 그만큼 더 하나님께서는 그분의 영적인 보화를 당신에게 맡기실 것입니다. 하나님께서는 이 원리를 분명히 보여 주셨습니다(누가복음 16:9-12, 빌립보서 4:17). 하나님께 돈을 드리는 사람은 자기 자신을 드리는 것입니다. 그것은 그의 시간, 재능, 그리고 모든 노력의 열매이기 때문입니다. 그의 돈을 드리지 못하는 사람은 그 자신을 아직 하나님께 온전히 드리지 못한 사람입니다.

26. 이 과에서 믿고 또 기도해야 할 가장 격려가 되는 약속은 무엇입니까?

가장 도전이 되는 교훈은 무엇입니까?

주님께서는 당신의 헌금하는 습관에 대해 어떤 변화가 있기를 원하십니까? 만일 있다면 당신은 어떻게 하겠습니까?

한 런던 신문이 돈에 대한 가장 훌륭한 정의를 내린 사람에게 시상한 적이 있는데 바로 다음의 것이 당선된 것입니다.

"돈은 당신이 무엇이든지 살 수 있게 하되 행복은 살 수 없게 하고, 또 어느 곳이든지 갈 수 있는 여비를 내게 하되 하늘나라로 가는 여비는 댈 수 없는 도구이다."

도중에 한 과라도 빠뜨리지 않고 지속적으로 성경공부를 할 수 있도록 **제7권**을 미리 구입해 두십시오.

제 5 과

세계 비전

"세계 비전이란 하나님의 마음에 있는 것, 즉 '세계'를 당신 마음속에 갖는 것을 뜻합니다."

-도슨 트로트맨

하나님의 목적

1. 자기를 따르는 사람들에게 주신, 세계에 대한 그리스도의 지상사명은 무엇입니까?
   (1) 마태복음 28:18-20

   (2) 마가복음 16:15

   (3) 누가복음 24:46-48

   (4) 요한복음 17:18, 20:21

2. 사도행전 1:8에서 성령의 능력은 믿는 자들로 하여금 다음 장소에 예수 그리스도의 복음을 전할 수 있도록 합니다. (정답을 고르십시오.)
   (1) 주로 팔레스타인(유대와 사마리아) 전역에
   (2) 세계 모든 곳에
   (3) 종교의 자유를 허락하는 나라에
   (4) 모든 문명국에

하나님께서는 교제를 즐기기 위하여 사람을 창조하시고 이 땅 위에 두셨습니다. 하나님께서는 첫 남녀인 아담과 하와에게 번성하여 그분과 교제를 즐겨 가질 수 있는 사람들로 지상에 충만케 하라고 명령하셨습니다(창세기 1:26-28).

그러나 죄가 그들의 삶에 들어왔을 때에 이와 같은 친밀한 교제는 깨어지고 말았습니다(창세기 3:8).

그럼에도 불구하고 하나님께서는 인간의 자발적인 사랑과 교제를 원하셔서 사람을 속죄해 줄 수 있는 한 가지 방법을 제공해 주셨습니다. 이 방법은 곧 믿음이라는 방법이었습니다. 수세기 동안은 장차 오실 구세주를 믿는 믿음이었습니다.

그러나 지금은 하나님과의 교제를 막는 장벽인 죄를 제거해 주시기 위해 이미 오신 구세주를 믿는 믿음입니다.

3. 모든 세상을 위한 하나님의 궁극적인 목적은 무엇입니까? (하박국 2:14, 이사야 11:9)

4. 오늘날 세상의 상태를 분명히 드러내 주는 증거들은 무엇입니까? (간단히 요약하십시오.)

(1) 디모데후서 3:1-5

(2) 디모데후서 3:7

(3) 로마서 3:14-18

5. 그리스도의 복음을 받아들이지 않는 사람들은 어떤 일을 당하게 됩니까? (요한계시록 20:12,15)

380,000	약 38만 명이 24시간마다 출생합니다. 그들 대부분은 그리스도 없이 일생을 살아갑니다.
160,000	약 16만 명이 24시간마다 죽습니다. 그들 대부분은 그리스도가 없는 영원한 멸망으로 가고 있습니다.

6. 세상의 모든 죄와 반역에도 불구하고 세상에 대한 하나님의 태도는 어떠하십니까? (요한복음 3:16, 로마서 5:8)

7. 이 때문에 예수님께서는 무슨 일을 하셨습니까?

(1) 고린도후서 5:15

(2) 디모데전서 2:5-6

8. 그리스도께서 하신 일은 무엇입니까? 누구에게 대한 것입니까?
(1) 요한일서 4:14

(2) 요한일서 2:2

(3) 요한복음 1:29

(4) 요한복음 8:12

9. 사도행전 3장에 나오는 베드로의 설교에서 그는 청중들에게 어떤 약속들을 상기시켰습니까? (25절, 창세기 12:1-3 참조)

10. 이 약속은 누구를 통해서 이루어집니까? (갈라디아서 3:16)

11. 이 약속은 유대 민족 외에 다른 민족을 또 포함하고 있습니까? 만약 그렇다면 누구입니까?
(1) 갈라디아서 3:8

(2) 갈라디아서 3:9,29

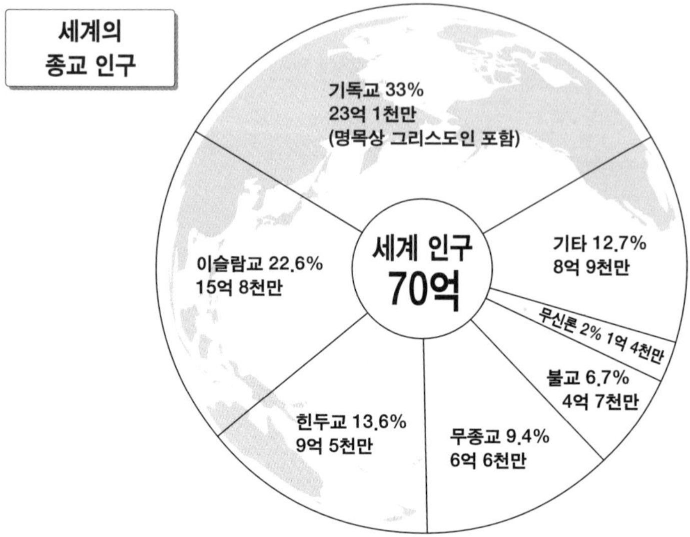

12. 하나님을 예배하는 사람들이 마지막에는 어디서 올 것입니까? (요한계시록 7:9)

13. 그리스도를 모시지 않은 모든 사람에 대한 하나님의 소원은 무엇입니까?

(1) 베드로후서 3:9

(2) 사도행전 26:20

"하나님께서 그리스도 안에 계시사 세상을 자기와 화목하게 하시며…"(고린도후서 5:19).

"밭은 세상이요"(마태복음 13:38).

우리의 사명

14. 예수 그리스도께서 제자들에게 하신 마지막 명령은 복음을 온 세상에 전파하라는 것이었습니다. 그 지상사명 가운데서,

(1) 목표는 무엇입니까? (마가복음 16:15)

(2) 목표를 달성하는 데 있어서 우리의 과정은 어떠해야 합니까? (사도행전 1:8)

(3) 그 목표를 어떻게 달성해야 합니까? (마태복음 28:19-20)

15. 이러한 사명을 위해서 하나님께서는 어떤 종류의 사람을 원하십니까? (역대하 16:9)

(1) 유능한 사람
(2) 교육을 많이 받은 사람
(3) 소질과 능력이 풍부한 사람
(4) 전심으로 하나님을 향하는 올바른 마음을 가진 사람

16. 이 세상의 필요와 하나님의 명령에 비추어 보아서 우리는 어떻게 해야 하겠습니까?

(1) 로마서 12:1

(2) 로마서 12:2

(3) 히브리서 12:1-2

17. 예수님께서는 세상의 필요를 보셨을 때에 제자들에게 무엇을 하라고 하셨습니까? (마태복음 9:36-38)

18. 로마서 1:16에서,

(1) 우리가 전할 메시지는 무엇이어야 합니까?

(2) 이 메시지는 무엇을 하는 능력을 가졌습니까?

19. 초대교회에 박해가 일어났을 때(사도행전 8:1,4),

(1) 흩어진 사람들은 누구였습니까?

(2) 예루살렘에 누가 남았습니까?

(3) 흩어진 사람들은 무엇을 했습니까?

20. 평신도들의 생활과 증거의 결과는 어떠했습니까?

(1) 데살로니가에서 (데살로니가전서 1:8)

(2) 로마에서 (로마서 1:8)

대학 캠퍼스나 지역 사회나 혹은 한 나라를 위해서 비전을 갖는 것은 칭찬할 만한 일입니다. 그러나 그리스도의 관심은 바로 온 세상입니다. 우리의 관심도 바로 이와 같아야 합니다. 그분의 지상사명에서 그리스도께서는 우리에게 책임을 부여하시는데, 그것은 모든 사람과 모든 세대에 복음을 전하라는 것입니다. 이것은 우리의 모든 결정들이 온 세계와 관련해서 이루어져야 한다는 것을 의미합니다.

21. 사도 바울의 큰 소원은 무엇이었습니까? (로마서 15:20-21)

22. 언제 우리는 세계를 바라보며 전도하기를 시작해야 합니까? (요한복음 4:35)

(1) 완전히 훈련을 받았을 때

(2) 필요할 때 곧

(3) 즉시

(4) 하나님께서 부르실 때

세계를 바라보는 몇 가지 실제적인 방법

- 세계 지도를 사용하여 각 나라를 위해서 기도하십시오.
- 선교사들과 연락을 취하십시오. 여러 곳의 선교 지역과 선교 기관에 대해서 알아보십시오.
- 선교사들의 전기나 선교에 관한 책들을 읽으십시오.
- 세계 선교 지역의 일부로서 당신의 이웃 사람들을 바라보고 매일 접촉하십시오.
- 다른 나라에 있는 그리스도의 일꾼들을 위해 헌금하기를 시작하십시오.

23. 온 세상 추수에 참여하기 위해서 우리는 또 무엇을 해야 합니까?

(1) 데살로니가후서 3:1-2

(2) 빌립보서 4:15-17

(3) 마태복음 28:20

(4) 디모데후서 2:2

“우리 중에 많은 사람들은 우리의 발로 직접 걸어서 선교 지역에 갈 수 없습니다만 무릎을 꿇고 기도함으로 갈 수 있습니다. 확고하고 지속적인 선교 사업은 중국에서 한 기도이든 인도에서 한 기도이든 한국에서 한 기도이든 간에 그 기도로 말미암아 성취됩니다.”

24. 주님께서 사무엘을 부르셨을 때 그는 어떻게 대답했습니까? (사무엘상 3:9-10)

25. 주님께서는 이 세계에 대한 그리스도의 대사로 우리를 부르셨습니다. 우리는 어떻게 응해야 하겠습니까? (이사야 6:8)

26. 이 과를 복습하고 크게 도전이 되는 구절을 표시하십시오. 이 구절들에 대해서 기도하고 스스로 물어보십시오. "나는 세계를 바라보며 나의 시간과 돈을 투자하고 있는가?" "하나님께서 가지고 계신 세계에 대한 프로그램에 더 많이 참여하기 위해서 나는 무엇을 할 수 있을까?"

여기에 대해서 주님께서 당신에게 밝히 보여 주시는 것이 무엇이며, 이에 대해 무엇을 할 것인가 기록하십시오.

그리스도의 마지막 명령

오직 성령이 너희에게 임하시면 너희가 권능을 받고 예루살렘과 온 유대와 사마리아와 땅 끝까지 이르러 내 증인이 되리라.

제7권은 〈소망의 생활〉입니다.

7권은 새로운 형식의 성경공부로서, 데살로니가전서를 각 장별로 공부하며 진리들을 발견하게 됩니다.

성경을 당신 자신이 이해한 말로 쓰는 것을 배우고, 또한 그것을 당신의 생활에 적용하는 것을 배웁니다.

- 도전
- 격려
- 교훈

봉사에의 성장

초판 1쇄 발행 : 1973년 4월 1일
3판 1쇄 발행 : 2011년 6월 1일
3판 10쇄 발행 : 2025년 3월 5일

펴낸곳 : 네비게이토 출판사 ©
주소 : 03784 서울시 서대문구 연희로 16 (창천동)
전화 : 02) 334-3305(대표), 334-3037(주문), FAX : 334-3119
홈페이지 : http://navpress.co.kr
출판등록 : 1973년 3월 12일 제10-111호

ISBN 978-89-375-0393-1 03230